Graphiken

...und mehr

Für meinen Ehemann

Alle in diesem Buch vorhandenen Rechte sind der Autorin vorbehalten.

Autorin: Tanja M. Feiler

Cover: Tanja M. Feiler

Graphiken: Tanja M. Feiler

Bilder: Tanja M. Feiler

Graphiken

Graphiken

Verstrickt geschickt

Eher technisch angehaucht

Hoch erbaut

Minimalistisch

Richtig

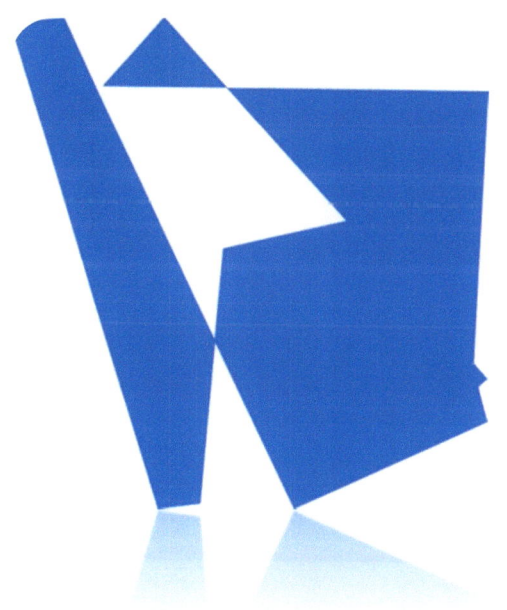

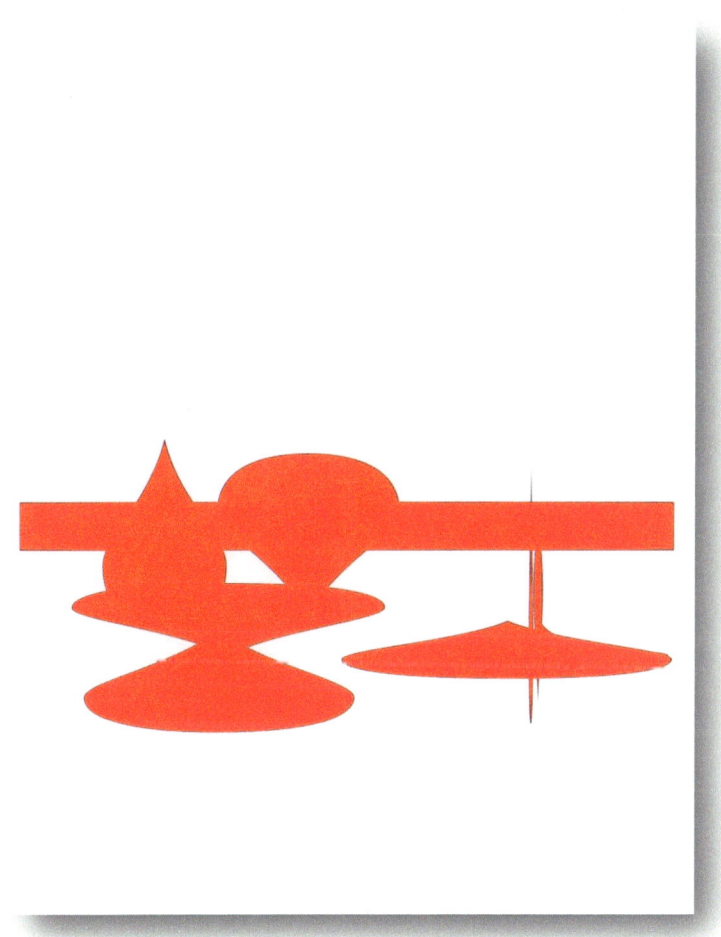

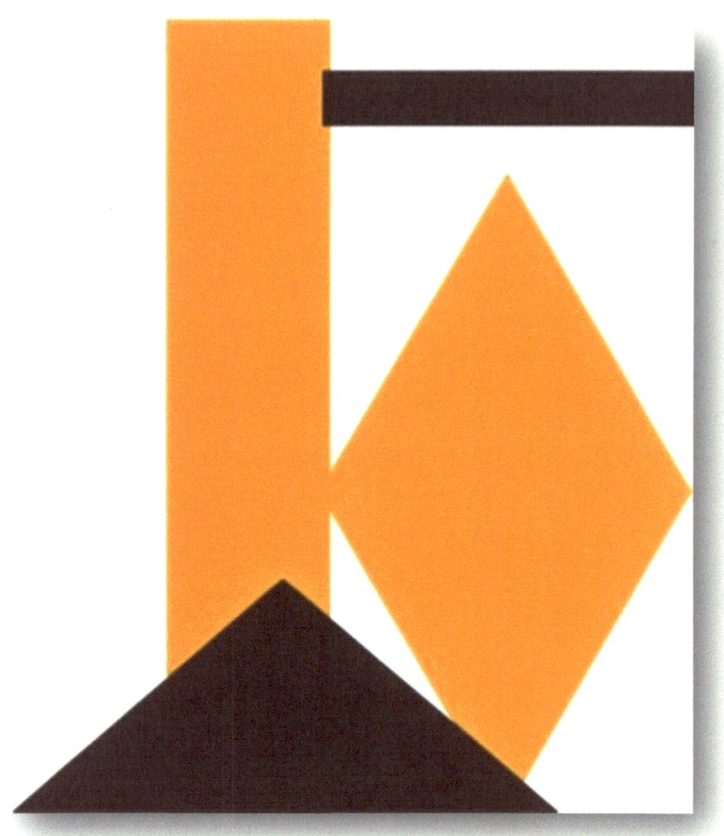

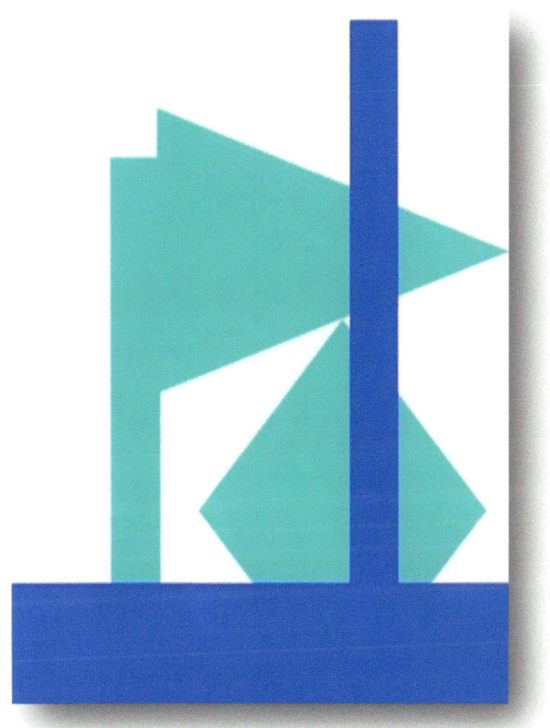

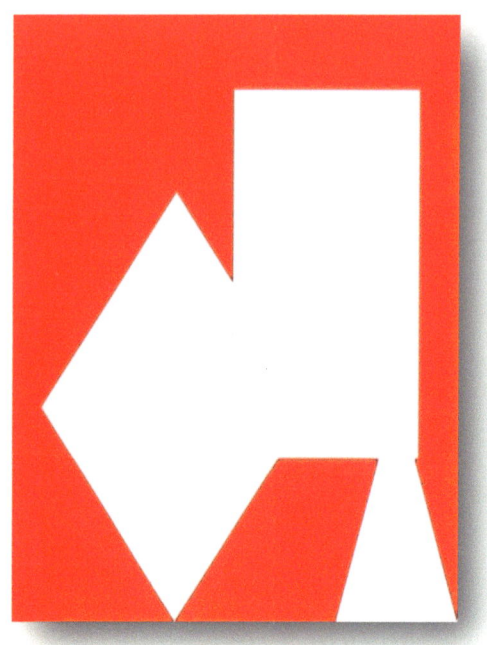

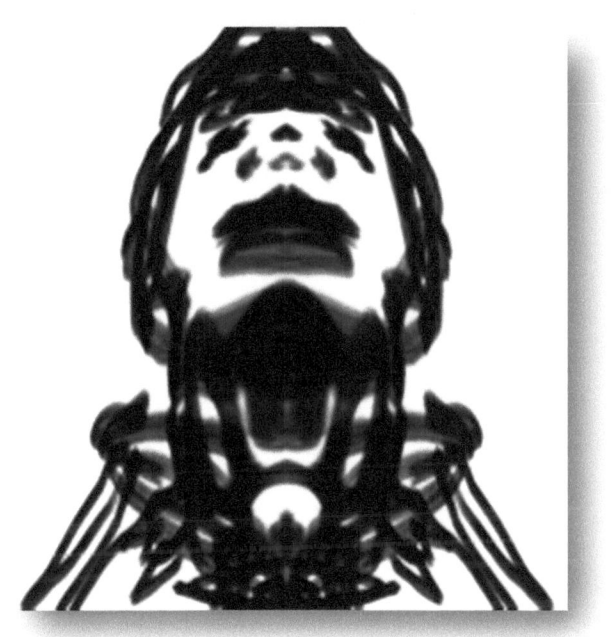

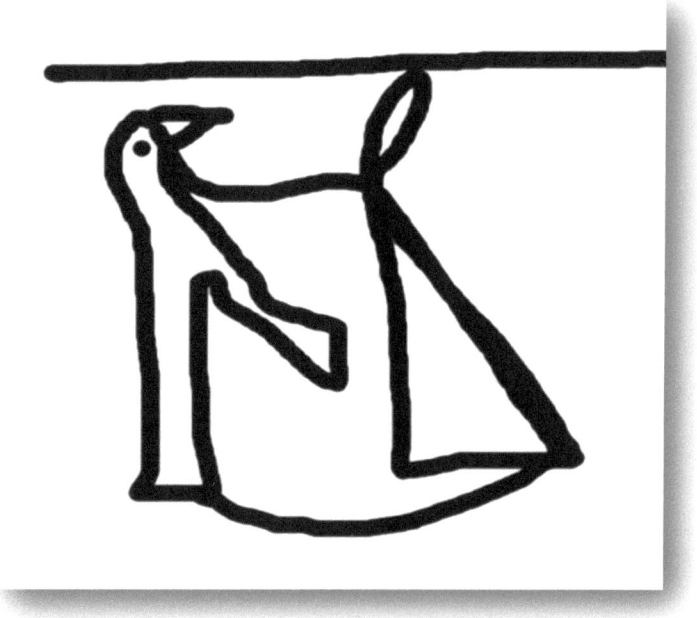

Bilder

Es ist die Kunst des Gestaltens

Lässt man gerne walten

Plötzlich ein Gedanke schnell

Blitzt hell

Und umgesetzt in Farbenpracht

Er viel Freude schafft

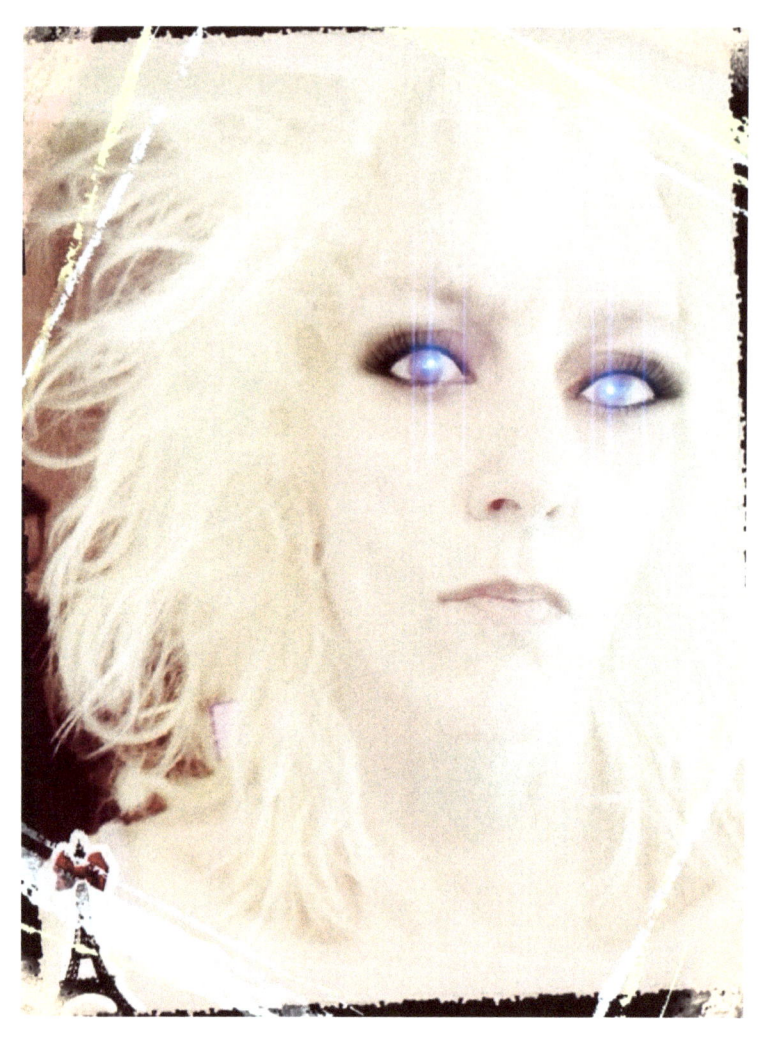

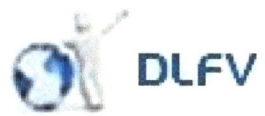

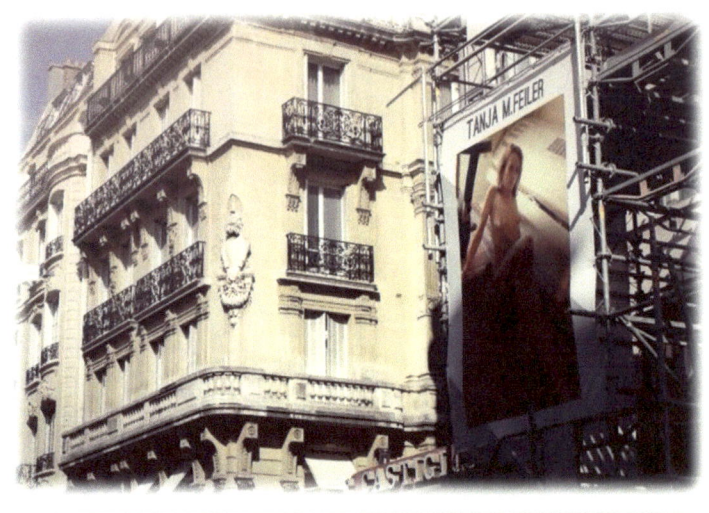

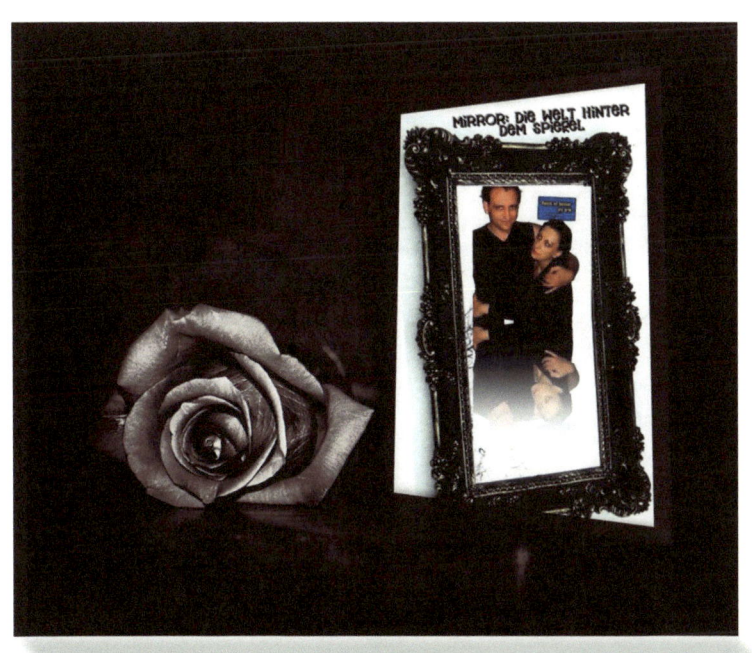

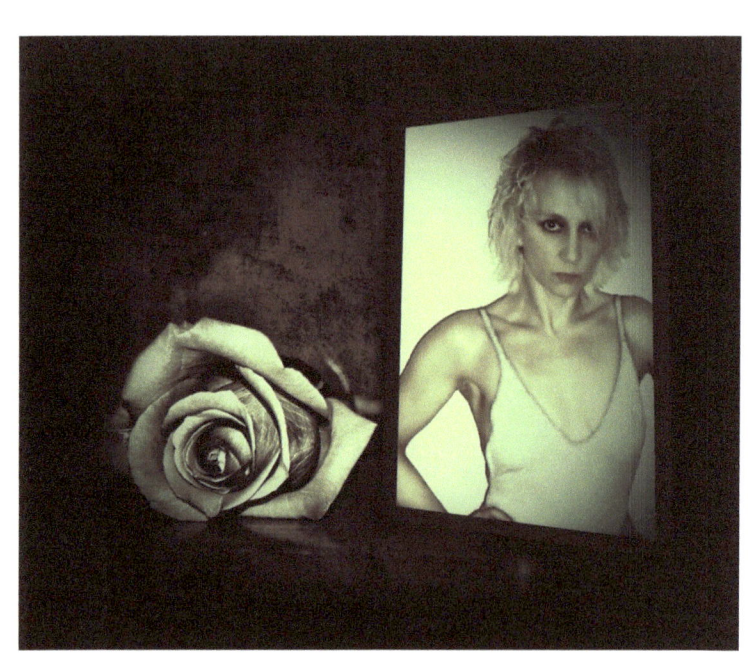

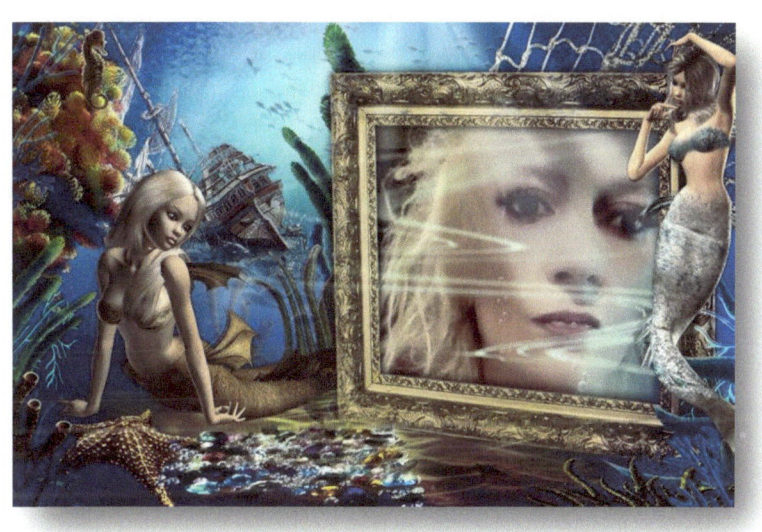

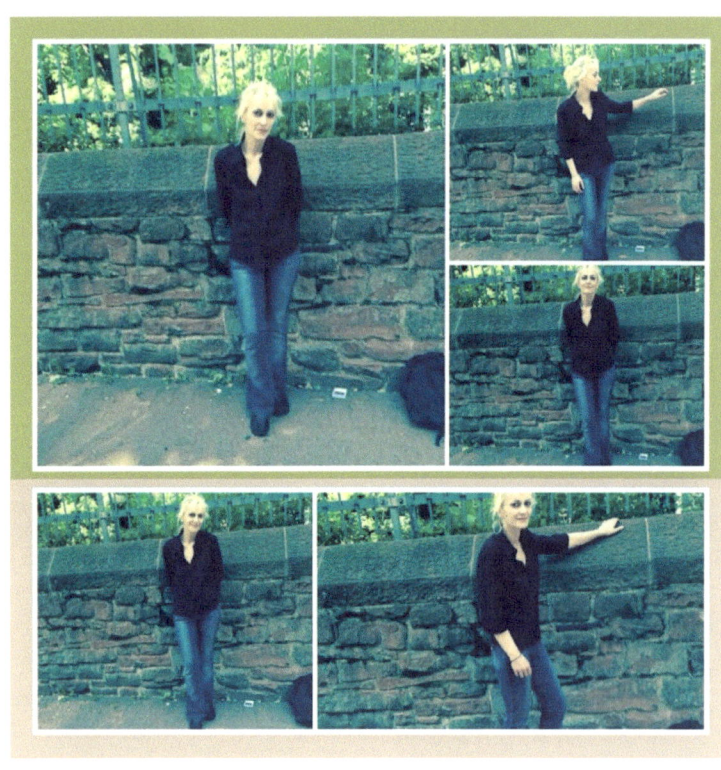

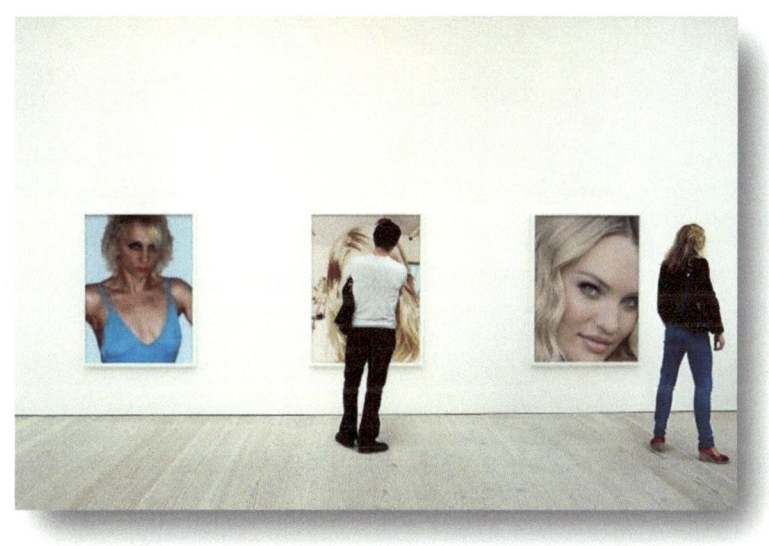

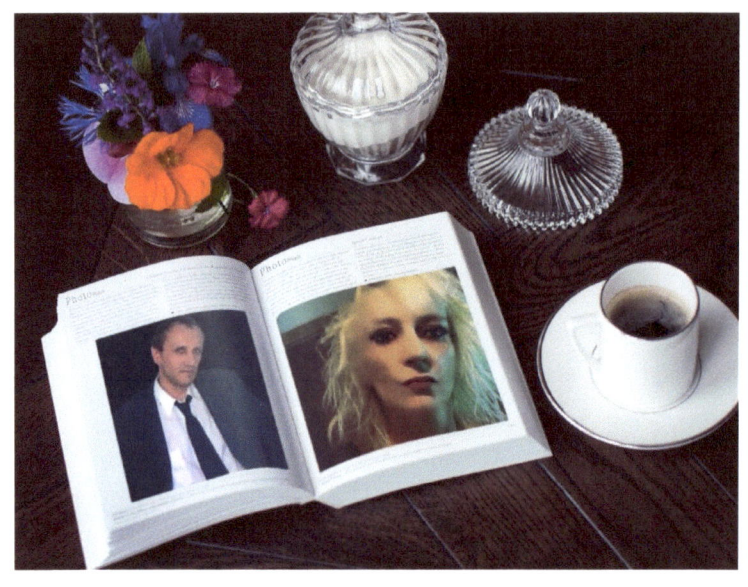

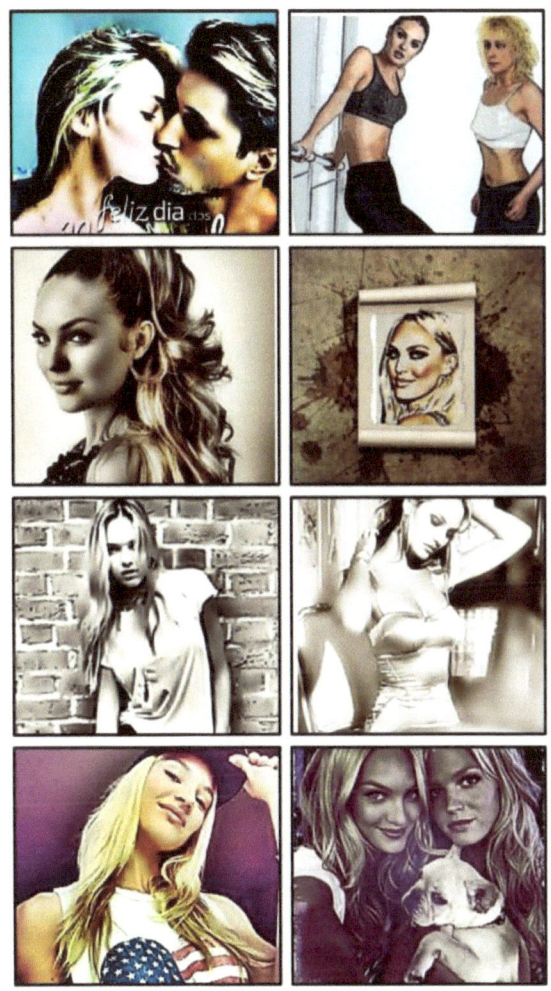

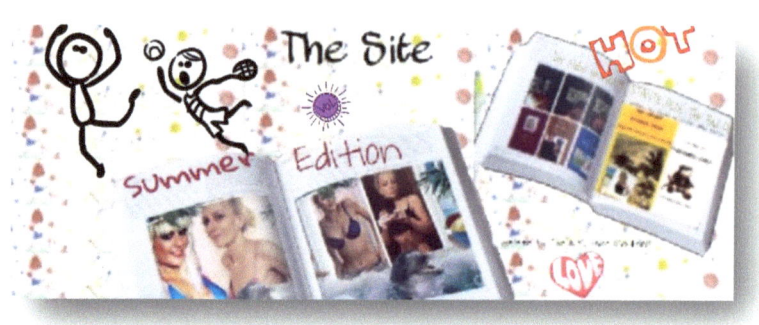

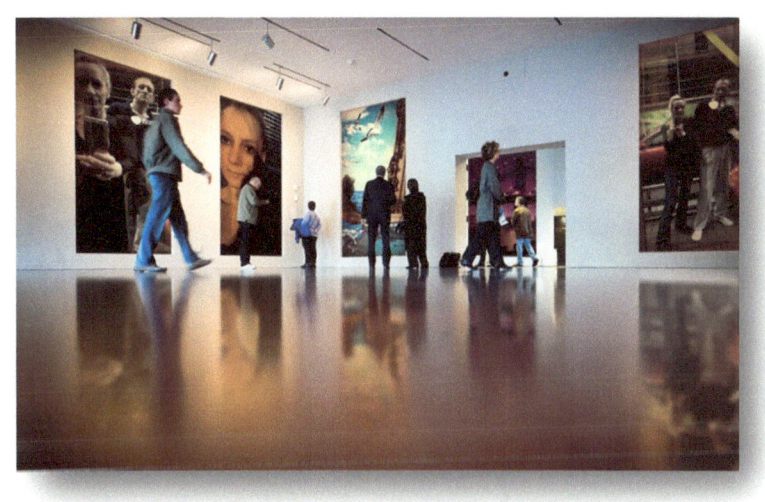

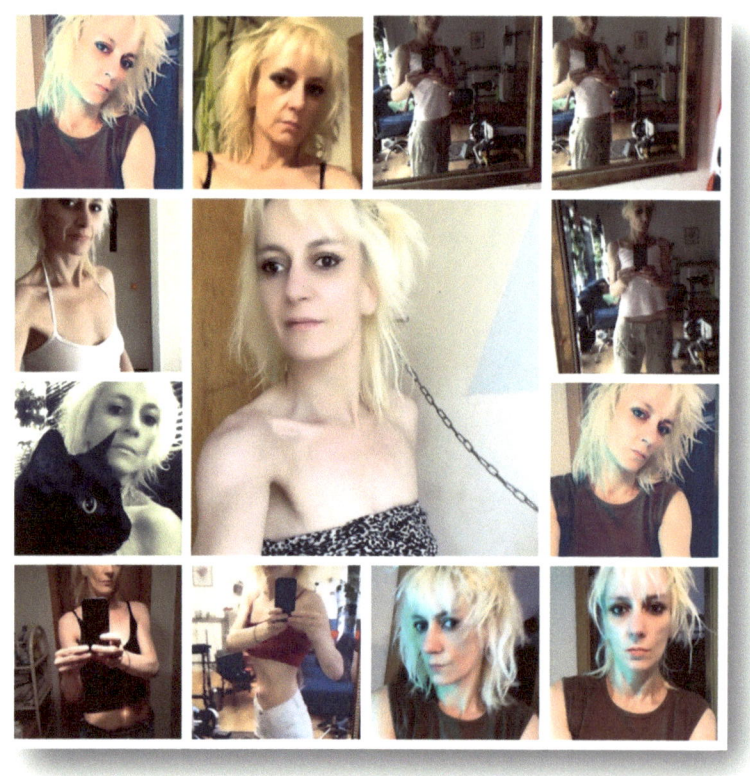

3. In Farben

Farben

Strahlen

Ob in Öl, Wasserfarbe, Aquarell

oft sind die besten Bilder schnell

gestaltet

gut verwaltet

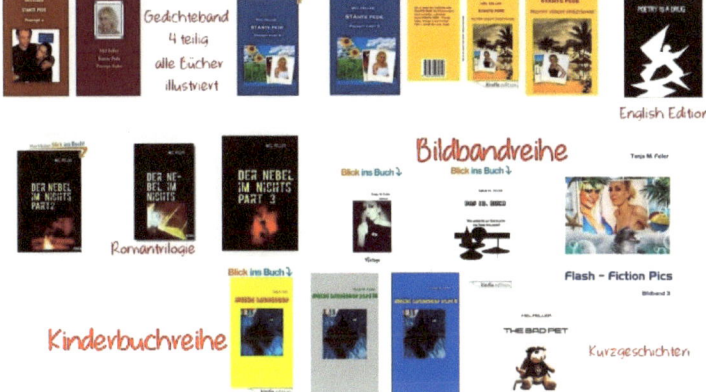

Gedichteband
4 teilig
alle Bücher
illustriert

English Edition

Bildbandreihe

Flash - Fiction Pics

Bildband 3

Romantrilogie

Kinderbuchreihe

Kurzgeschichten

THE BAD PET

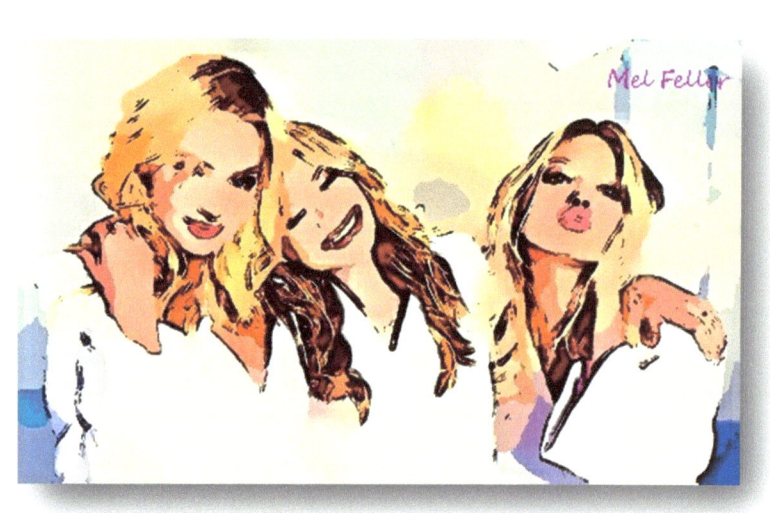

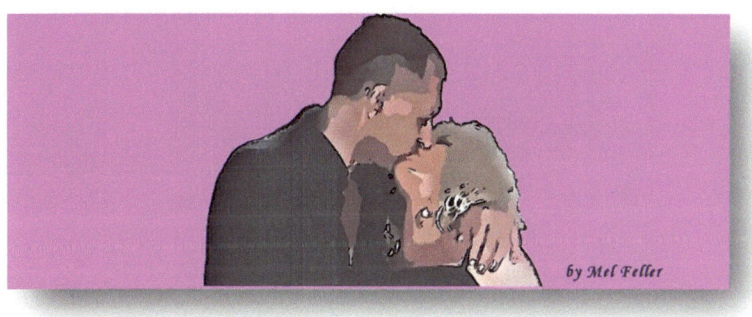

by Mel Feller

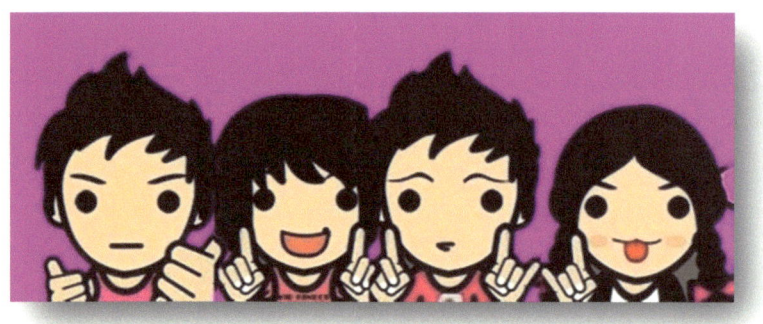

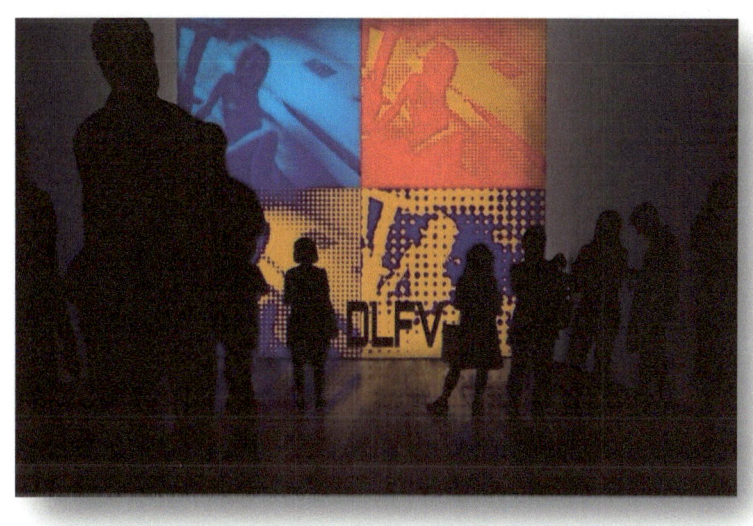

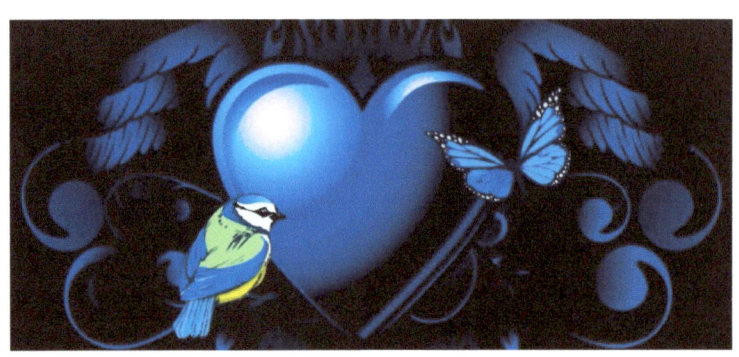

Besonders Danke ich meinem Mann

www.ingramcontent.com/pod-product-compliance
Lightning Source LLC
Chambersburg PA
CBHW040928180526
45159CB00002BA/657

* 9 7 8 1 5 0 5 3 5 6 0 8 3 *